BEI GRIN MACHT SICH IHR WISSEN BEZAHLT

- Wir veröffentlichen Ihre Hausarbeit, Bachelor- und Masterarbeit

- Ihr eigenes eBook und Buch - weltweit in allen wichtigen Shops

- Verdienen Sie an jedem Verkauf

Jetzt bei www.GRIN.com hochladen und kostenlos publizieren

GRIN

David Jugel

Die Dritte Oberste Heeresleitung unter Hindenburg und Ludendorff

Die Meister der Illusionen

GRIN Verlag

Bibliografische Information der Deutschen Nationalbibliothek:

Die Deutsche Bibliothek verzeichnet diese Publikation in der Deutschen National-
bibliografie; detaillierte bibliografische Daten sind im Internet über http://dnb.d-
nb.de/ abrufbar.

Dieses Werk sowie alle darin enthaltenen einzelnen Beiträge und Abbildungen
sind urheberrechtlich geschützt. Jede Verwertung, die nicht ausdrücklich vom
Urheberrechtsschutz zugelassen ist, bedarf der vorherigen Zustimmung des Verla-
ges. Das gilt insbesondere für Vervielfältigungen, Bearbeitungen, Übersetzungen,
Mikroverfilmungen, Auswertungen durch Datenbanken und für die Einspeicherung
und Verarbeitung in elektronische Systeme. Alle Rechte, auch die des auszugsweisen
Nachdrucks, der fotomechanischen Wiedergabe (einschließlich Mikrokopie) sowie
der Auswertung durch Datenbanken oder ähnliche Einrichtungen, vorbehalten.

Impressum:

Copyright © 2009 GRIN Verlag GmbH
Druck und Bindung: Books on Demand GmbH, Norderstedt Germany
ISBN: 978-3-640-33846-7

Dieses Buch bei GRIN:

http://www.grin.com/de/e-book/126808/die-dritte-oberste-heeresleitung-unter-
hindenburg-und-ludendorff

TECHNISCHE
UNIVERSITÄT
DRESDEN

Philosophische Fakultät
Institut für Geschichte
Einführungsseminar: Das Ende des Kaiserreiches 1918
Wintersemester 2008/2009

Seminararbeit zum Thema:

"Die Dritte Oberste Heeresleitung

unter Hindenburg und Ludendorff"

- Die Meister der Illusionen -

Vorgelegt von: **D. Jugel**

Studiengang: Lehramtsbezogener Bachelor-Studiengang
für Allgemeinbildende Schulen
Geschichte
Gemeinschaftskunde/Rechtserziehung/Wirtschaft
1. Fachsemester

Datum: 02.03.2009

Inhalt

1. Einleitung

Die vorliegende Arbeit befasst sich mit dem Werdegang der Dritten Obersten Heeresleitung (OHL) im Ersten Weltkrieg und verfolgt dabei zwei Hauptschwerpunkte. Zum einen ist die Frage zu klären, wie die OHL unter der Führung von Hindenburg und Ludendorff in eine diktaturvergleichbare Stellung gelang und zum anderen ist zu betrachten, inwiefern die OHL an der Niederlage 1918 mit Schuld trägt. Hierzu wird das Vorgehen der OHL auf dem Feld der Politik und der militärischen Entscheidungen, mit der Intensität, den der Rahmen der Vorgaben zur Seminararbeit setzt, dargelegt und betrachtet. Abschließend soll erörtert werden, inwiefern die Dritte OHL Schuld an den Folgen des Ersten Weltkriegs trägt.

Die Quellenlage um die Thematik des Ersten Weltkriegs stellt sich problematisch dar, da ein Großteil der administrativen Akten mit dem Luftangriff auf Potsdam am 14. April 1945 im Reichsarchiv verbrannte (Herrmann 1994). So sind Historiker auf andere Quellen, wie Briefe oder Heeresberichte angewiesen. Jedoch verknüpften die Autoren solcher Quellen mit dem Inhalt meistens eine bestimmte subjektive Darstellung bzw. auch eine Wirkung ihrer Äußerungen, welche meist nicht der Realität entsprachen. Wohingegen Akten in ihrer Motivation meist keine Adressaten ansprechen, also schlichtweg zur Dokumentation erstellt werden und zugleich in der Regel nicht unmittelbar für die Öffentlichkeit zugänglich sind. Aus solchen Quellen lassen sich folglich fundierte Aussagen formulieren, welche mit hoher Wahrscheinlichkeit der Realität der Vergangenheit entsprechen. Dies ist aufgrund des Verlustes der Akten im Falle der Dritten OHL nicht möglich und lässt auf Basis subjektiver Quellen ein breites Interpretationsfeld offen, welches nur durch hohen wissenschaftlichen Aufwand begrenzt werden kann.

Diese Arbeit legt sich Literatur zugrunde, dessen Autoren einen solchen Aufwand bereits betreiben haben. Gleichfalls werden Aussagen solcher Werke, welche als überholt oder subjektiv gelten, selektiv behandelt und an mindestens einer weiteren Quelle überprüft.

So sind als wichtige Literatur für das vorliegende Themengebiet vor allem die Hindenburg-Biografie von Wolfgang Pyta (Pyta 2007), die Darstellung des Ersten Weltkrieges von Sönke Neitzel (2003), sowie die mit Vorbehalt zu betrachtenden Werke Sebastian Haffners zu den Fehlern des Ersten Weltkrieges (Haffner 1981) und Gerhard Ritters zur "Staatskunst" (Ritter 1964) zu nennen.

2. Das Gespann Hindenburg und Ludendorff

Paul Ludwig Hans Anton von Beneckendorff und von Hindenburg, geboren am 2. Oktober 1847 in Posen, war zu Beginn des Ersten Weltkrieges 67 Jahre alt und in seiner Funktion als General bereits 1911 aus dem aktiven Dienst verabschiedet worden. Er entstammte einem ostpreußischen Adelsgeschlecht und besuchte ab 1859 die Kadettenanstalt. Ebenfalls nahm

Hindenburg am Deutschen Krieg gegen Österreich-Ungarn 1866 und dem Deutsch-Französischen Krieg 1870/71 als Leutnant im 3. preußischen Garderegiment teil. Hindenburg durchlief bis 1911 eine militärische „Bilderbuchkariere" zum Kommandierenden General. Erich Friedrich Wilhelm Ludendorff, geboren am 9. April 1865, gehörte als Sohn eines Rittergutsbesitzers und Offiziers der Reservearmee dem gehobenen Bürgertum an. Er durchlief ab 1877 eine militärische Laufbahn und war unter anderem Militärbeobachter in Russland. Bis zum Beginn des Ersten Weltkrieges stieg er zum Generalmajor auf und hatte sich durch die spektakuläre Einnahme der Zitadelle von Lüttich am 07. August 1914 einen Namen gemacht (Frentz 1972: 104).

Zu Beginn des Ersten Weltkrieges bemühte sich Hindenburg vergebens um ein Kommando. Erst nachdem Russland zu Beginn des Kriegs schneller mobil machte als vermutet wurde, die 8. Armee unter General Oberst Prittwitz sich im Angesicht der 1. und 2. russischen Armee hinter die Weichsel zurückziehen musste und er daraufhin seines Amtes enthoben wurde, kam Hindenburg wieder als sein Nachfolger ins Gespräch. Dabei hatte die Personalwahl Hindenburgs weniger mit dessen Feldherrenqualität zu tun, als vielmehr, dass ein Oberbefehlshaber als Repräsentationsfigur der 8. Armee gesucht wurde, welcher dem schon durch Moltke bestimmten neuen Generalstabschef der 8. Armee Erich Ludendorff in der Planung der Operationen relativ freie Hand lassen würde. (Pyta 2007: 43ff)

Hindenburg erfüllte also diese Anforderungen und übernahm als Oberbefehlshaber ab dem 22. August 1914 zusammen mit Ludendorff als Chef des Generalstabs die 8. Armee im Osten des deutschen Reiches. Schließlich schaffte es Hindenburg seine Person mit dem folgenden Sieg der 8. Arme über die 2. russische Armee in der Schlacht von Tannenberg[1] vom 26. bis 30. August 1914 zu verbinden, obgleich er an dessen Planung keinen Anteil hatte (Payta 2007: 48f). Diese Popularität haftete Hindenburg sein restliches Leben an und kann wohl als Hauptindikator für seine Berufung in die OHL und später auch zum Reichspräsidenten der Weimarer Republik gesehen werden. Das Verhältnis zwischen Ludendorff und Hindenburg ist in der Wissenschaft kontrovers. Zum einen gilt die weit verbreitete Meinung, dass Ludendorff der Kopf des Gespanns war (u.a. Neitzel 2003), zum anderen hatte Hindenburg ein exzellentes Gespür dafür, sich in Szene zu setzen, politische Situationen zu erkennen und diese zu seinem Vorteil zu verwenden. (u.a. Pyta 2007). Unumstritten ist jedoch, dass die bewährte Arbeitsteilung der Beiden zum Erfolg in der Durchsetzung ihrer Ziele führte.

---

[1] Anfänglich wurde die Schlacht bei Tannenberg in den Medien als „Schlacht bei Allenstein" bezeichnet und wurde auf Wunsch Paul von Hindenburgs später zu Propagandazwecken in *Schlacht bei Tannenberg* umbenannt. Tatsächlich liegt Tannenberg (heute Stębark) nicht unmittelbar im Hauptkampfgebiet. Mit der Namensgebung sollte die in der deutschen Geschichtsschreibung als Schlacht bei Tannenberg bezeichnete Niederlage der Ritter des Deutschen Ordens gegen die Litauisch-Polnische Union von 1410 verdrängt werden.

3. Der Anfang vom Ende – Der Sturz Falkenhayns und die Ernennung Hindenburgs zum Generalstabschef der Obersten Heeresleitung

Die Umstände, welche zur Amtsübernahme der Obersten Heeresleitung durch Hindenburg und Ludendorff führten, sind im Nachhinein betrachtet wahrlich bizarr.

Der Reichskanzler Bethmann Hollweg, welcher sich in einem stetigen Machtkampf mit seinem Gegenspieler, dem Generalstabschef der zweiten OHL Erich von Falkenhayn, befand, war ähnlich wie jener zur Einsicht gekommen, dass die Zeit gegen das Deutsche Reich spielte. Dies wurde durch die Unterlegenheit des Kaiserreiches an Ressourcen gegenüber der Entente, dem raschen Verbrauch dieser im Stellungskrieg und den fortdauernden Materialschlachten bedingt. Zahlreiche Versuche, den Gegner durch enormen Einsatz von Mensch und Material niederzuwerfen, waren gescheitert. Der versprochene Siegfrieden war im Sommer 1916 in weite Ferne gerückt. Die Diskrepanz, welche zwischen dem öffentlichen Bild der militärischen Lage und des tatsächlichen Zustandes bestand, machte die politische Legitimation eines Ausgleichsfriedens jedoch höchst problematisch. (Pyta 2007: 205ff).

Ein Ausgleichfrieden barg die Gefahr in sich, dass erstens die Bevölkerung aus ihrem Traum des starken Deutschen Kaiserreiches und dem Platz an der Sonne gerissen worden wäre und zweitens, dass als Reaktion auf das Zusammenbrechen dieses Weltbildes der Träger dieser Vorstellungen, die Monarchie, an Ansehen verloren hätte. Im schlimmsten Fall hätte dies ihre Gegner gestärkt, was die äußere Belastungen gesteigert und innere Unruhen angeheizt hätten. Das Dreieck der Führungsspitze, Bethmann Hollweg, Falkenhayn und Wilhelm II, konnte also weder vor noch zurück, weder den Krieg militärisch gewinnen noch ihn diplomatisch ohne größere Ansehensverluste beenden.

Eine besondere Belastung für die OHL und vor allem für deren Generalstabschef Falkenhayn stellte die Bilanz der ersten drei Quartale 1916 dar. Die Ende Februar angelaufene Offensive bei Verdun hatte außer wenigen Kilometern Trichtergelände und 600.000 toten Soldaten keine Entscheidung herbeigeführt. Die russische Brussilow-Offensive ab 4. Juni 1916 brachte die Verteidigung Österreich-Ungarns ins Wanken, sodass diese abermals die Hilfe der Reichswehr benötigte. Letztlich trat Ende August 1916 Rumänien, motiviert durch die russischen Erfolge der Brussilow-Offensive, auf Seiten der Entente in den Krieg ein, was für die Heeresleitung völlig überraschend kam (Neitzel 2003: 90 u. Pyta 2007: 220).

Diese Bilanz von Misserfolgen und die Aussicht auf die Niederlage auf Zeit unterhöhlten die Stellung Falkenhayns. Bethmann Hollweg nutzte diese geschwächte Stellung um sich seines politischen Gegenspielers zu entledigen, indem er den Kaiser, mit Hilfe des öffentlichen Drucks durch die in der Presse veröffentlichten grausamen Umstände in Verdun, dazu brachte, Falkenhayn am 29. August 1916 zu entlassen. Der Reichskanzler hatte nicht nur kräftig an der Entlassung des Generalstabschefs gefeilt, er hatte auch den richtigen Nachfolger bereit.

Aufgrund mangelnder Informationen über die militärische Lage, welche Falkenhayn dem Kanzler vorenthielt, hatte Bethmann Hollweg schon vorher Kontakte zum Oberbefehlshaber Ost Paul von Hindenburg aufgebaut. Die beiden verband die Abneigung gegen Falkenhayn (Pyta 2007: 206).

Bethmann Hollweg wollte mit Hilfe Hindenburgs Popularität, die der Held von Tannenberg in der Bevölkerung innehatte, die Öffentlichkeit mit dem General als Sprachrohr sanft auf einen Status-Quo-Frieden vorbereiten. Diese Popularität steigerte sich durch dessen Ernennung zum Oberbefehlshaber der gesamten Ostfront abermals. Der Kaiser übergab nur widerwillig den Oberbefehl des Heeres an Hindenburg, da er erkannte, dass er zwar über Posten bestimmen konnte, aber Popularität und der damit verbundenen Macht, Einfluss auf die Stimmung des Volks auszuüben, nicht kontrollieren konnte (Janßen 1967: 218f).

Der Plan Bethmann Hollwegs, welcher eigentlich der Friedensidee zukam, ist das Paradoxon zur folgenden Entwicklung des Krieges in eine neue Dimension vom europäischen Koalitionskrieg und zum internationalen Weltkrieg (Haffner 1981: 47).

4. Die Oberste Heeresleitung macht Politik

4.1 Das Zweckbündnis

Der Reichskanzler versprach sich mit Hindenburg und Ludendorff, für welche er schon seit 1915 beim Kaiser intervenierte, zunächst ein Ende des gegensätzlichen Dualismus' zwischen Heeresleitung und Reichsregierung, zum anderen erhoffte er sich mit Hindenburg als Galionsfigur einen Verständigungsfrieden militärisch zu legitimieren und dabei die Verantwortung der Monarchie bei einer solchen Entscheidung zu negieren (Pyta 2007: 227).

Zunächst schien das Vorhaben des Kanzlers aufzugehen und Hindenburg und Ludendorff arbeiteten mit Bethmann Hollweg Hand in Hand (Brief Hindenburgs an seine Frau vom 30.08.1916 in Hubatsch 1966: 162f). So setzten sich beide für eine Proklamation eines Polnischen Königreiches am 05.11.1916 ein, obgleich beide dabei unterschiedliche Ziele verfolgten. Letztlich wurde aber dieser Staatengründung weder den Zielen des Kanzlers noch denen der 3. OHL gerecht. Die Folge war ein Rückschlag auf das Bestreben zu einem Separatfrieden mit Russland, was zu einer Verschlechterung des Verhältnisses zum Bündnispartner Österreich Ungarn führte (Haffner 1981: 52). Weiterhin unterstützte die neue OHL vorerst die Reichsregierung gegen die Marineleitung in der Diskussion um den uneingeschränkten U-Bootkrieg gegen Großbritannien Ende August 1916 und motivierte eine Verschiebung der Entscheidung (Pyta 2007: 231ff). Hindenburg hatte als Oberkommandierender Ost hierzu noch keine Stellung bezogen. Desweiteren schien sich nach den gescheiterten Großoffensiven Deutschlands bei Verdun und der Briten und Franzosen an der Somme auf beiden Seiten eine gewisse Kriegsmüdigkeit einzustellen, welche wieder ein Minimum an Diplomatie zuließen. Ein U-Bootkrieg hätte diese kurze Entspannungsphase belastet.

4.2 Die Chance auf Frieden Ende 1916

Nach der anfänglichen Kooperation der Dritten OHL mit der Reichsregierung und der aufkommenden Kriegsermüdung sowohl auf Seiten der Mittelmächte, als auch auf der, der Alliierten, bildete sich eine gewisse Entspannung ab (Haffner 1987: 47). Hinzu kam, dass aus den USA von Präsidenten Woodrow Wilson deutliche Anzeichen für eine neutrale Vermittlerrolle zwischen den Kriegsparteien kam. Bethmann Hollweg sah also den Moment für günstig an, seine Anstrengungen zu einem Ausgleichsfrieden sowohl im Inneren, wie auch im Äußeren zu verstärken (Ritter 1964: 232ff). Doch warum kam es nicht zu einem Ausgleichsfrieden? Die Gebietsansprüche Frankreichs begrenzten sich auf den Gebietszuwachs Elsass-Lothringens (Stevenson 1982: 12) und Großbritannien forderte auf dem Kontinent vorerst nur die Wiederherstellung Belgiens als offizielles Kriegsziel (Rothwell 1971: 18). Da Russland nach der Sommeroffensive der Mittelmächte und der Schlacht von Gorlice-Tarnów 1915 kaum noch offensivfähig war und es Ende 1916 schon immer lautere Stimmen nach Frieden gab, konnte es in möglichen Friedensverhandlungen kaum Gebietsansprüche stellen. (Neitzel 2003: 71). Obgleich die erste Brussilow-Offensive ab Juni 1916 anfängliche Geländegewinne brachte, scheiterte die zweite (September – Oktober) und dritte (Oktober – November) und führte zum Einbruch der Moral im russischen Heer. Das deutsche Reich hätte Ende 1916 wahrscheinlich sogar mit Gebietsgewinnen im Osten einen Kompromissfrieden finden können.

Bethmann Hollweg, der sich jedoch auch bewusst war, dass ein Frieden erst innenpolitisch legitimiert werden musste, um sich nicht von der politischen Rechten den Dolchstoß des kurz vorm Sieg stehenden deutsche Heeres vorwerfen lassen zu können, erkannte diese günstige Lage und versuchte durch Einbeziehen der Obersten Heeresleitung den nationalistischen Kreisen den Wind aus den Segeln zu nehmen. Daher bat er Hindenburg Ende Oktober 1916 um eine „Wunschliste" für die Ziele, welche die deutsche Seite bei Friedensverhandlungen anstreben sollte.

So formulierte der Kanzler in seiner Reichstagsrede am 12. Dezember 1916 ein deutsches Friedensangebot an die Entente, wobei er die Voraussetzungen bewusst offen ließ: „Dasein, Ehre und Entwicklungsfreiheit der Mittelmächte müssten gesichert sein." (Neitzel 2003: 150f). Dies wurde in den USA durchaus positiv angenommen und Wilson erließ eine Note, welche alle Kriegsparteien dazu aufrief, ihn als Vermittler ihre Bedingungen für einen Friedensschluss zukommen zu lassen. (Pyta 2007: 237f).

4.3 Auseinanderbrechen des Zweckbündnisses

Nun hätte die Regierung konkrete Bedingungen einbringen können, welche einen Frieden bzw. vorerst einen Waffenstillstand und Friedensverhandlungen ermöglicht hätten. Jedoch spielten Hindenburg und Ludendorff diesmal nicht mit und verweigerten sich realistischen Friedensbedingungen. Die Oberste Heeresleitung hatte ihre Position inzwischen durch den unerwarteten Erfolg im Feldzug gegen Rumänien weiter gestärkt. Durch die Erfolge in Rumänien konnte die Befürchtung, dass durch das Entstehen einer weiteren Front so viele Truppen gebunden würden, dass die Reichswehr offensiv unfähig würde und eine diplomatische Friedensinitiative nötig wäre, aus dem Weg geräumt werden. Somit war die OHL nicht mehr auf eine Kooperation mit dem Kanzler angewiesen, noch hatte sie tatsächlich Interesse an einem Ausgleichsfrieden. Vielmehr hatten Hindenburg und Ludendorff die Friedensinitiative toleriert, um aus ihrem vorhersehbaren Scheitern machtpolitischen Vorteil zu ziehen, womit sie ihr weiteres Vorstoßen legitimieren konnten, sei es um kriegswirtschaftliche Maßnahmen durchzusetzen oder einen uneingeschränkten U-Bootkriegs zu begründen.

Dies ist gewissermaßen als retardierendes Moment zu sehen. Zum einen versickert hier die Chance auf einen Frieden, welche wohl vergleichsweise den erträglichsten Ausgang für das Deutsche Kaiserreich bedeutet hätte, zum anderen wird vor allem deutlich, dass die Regierung eine verfassungsstrukturelle schwächere Position hat, da sie lediglich in einer Bittstellposition ist, wo gegenüber sich die Heeresleitung mit dem Heer als Kriegsmaschinerie in einer Stellung mit konfliktfähigen Potential befindet. Hinzu kommen die Popularität Hindenburgs und sein Rückhalt im Großteil aller Bevölkerungsschichten, was ihm sogar gegenüber dem Kaiser in eine fordernde Position verhalf. Letztlich wird das ohnehin zu der Entente tendierende Amerika verprellt, sodass ein Kriegseintritt ungeachtet des uneingeschränkten U-Bootkrieges wahrscheinlicher wurde. Man kann also von dem Übergang des europäischen Konflikts zum Weltkrieg sprechen, womit der Krieg eine neue Dimension erreichen sollte.

4.4 Der Sturz Bethmann Hollwegs

Das Verhältnis zwischen der OHL und dem Reichskanzler verschlechterte sich im Dezember 1916 durch die neue Position der Heeresführung bezüglich des uneingeschränkten U-Bootkrieges, der Friedensfrage und der Differenzen im Umgang mit der Kriegswirtschaft zusehends.

Ersteres hatte seine Ursachen im erfolgreichen Rumänienfeldzug, in dem Falkenhayn mit der 9. Armee und eine aus den Mittelmächten gebildete Armee unter Mackensen binnen weniger Wochen Bukarest erobert hatten. Durch diesen unerwartet schnellen Sieg ergab sich für die OHL zum einen, dass die Niederlande oder Dänemark im Falle eines U-Bootkrieges gegen Großbritannien abgeschreckt wurden und nicht durch die abgetrennten Handelsrouten auf Seiten der Entente in den Krieg eintreten würden und zum anderen, dass ein größerer Handlungsspielraum für Offensiven an anderen Fronten bestand, womit ein Siegfrieden wieder greifbar sei. Als die Marine schließlich über Admiral von Müller, dem Ratgeber des Kaisers in Marine-Fragen, den Monarchen gleichfalls für den uneingeschränkten U-Bootkrieg gewinnen konnte, stand Bethmann Hollweg im politischen Patt. Er konnte nun widerwillig zustimmen oder zurücktreten. (Pyta 2007: 242ff).

Dabei schwächte der Kaiser mit dieser Entscheidung seine eigene Stellung, da er den Beschluss Hindenburgs befürwortete, dessen politische Herrschaft charismatisch-plebiszitär, also durch Rückhalt im Volk, gesichert war und sich damit zugleich gegen den Kanzler aussprach, dessen Legitimation politischer Herrschaft sich aus dem Vertrauen des Kaisers ableitete (Weber 1921: 122ff). Die OHL mischte sich zunehmend in die Politik ein. Der daraus resultierende Dualismus war genau der Kampf um diese beiden Legitimationsgrundlagen von Herschafft in welcher der Kanzler und somit auch der Kaiser zunehmend an Macht verloren. Ganz deutlich wird dies schließlich im Sturz Bethmann Hollwegs, an dem Hindenburg und Ludendorff wesentlichen Anteil haben. Nachdem der Kanzler im Zuge der Julikrise 1917, welche durch die Forderung Mathias Erzbergers nach einem Verständigungsfrieden am 6. Juli 1917 im Hauptausschuss des Reichtages ausgelöst wurde, zunehmend unter Druck geriet, forderte ein breites Spektrum, unter anderen Mathias Erzberger und Gustav Stresemann, im Bundestag den Rücktritt Bethmann Hollwegs.

In Anbetracht des gescheiterten U-Bootkrieges hatte der Interfraktionelle Ausschuss eine Friedensresolution erarbeitet, welche von der OHL strikt abgelehnt wurde. Die OHL nahm jedoch den Konflikt des Reichstages mit dem Kanzler und die Friedensresolution als Anlass, den Kanzler trotz seiner distanzierten Stellung zur Friedensresolution mit dieser zu identifizieren und in Koalition mit der Reichstagsmehrheit den Kanzler zu stürzen.

Hierzu erpressten Hindenburg und Ludendorff den Kaiser, indem sie ihren Rücktritt androhten, sollte Bethmann Hollweg im Amt bleiben. Der Kaiser erkannte, dass diese Einmischung in seine Prärogative nicht nur auf die Beseitigung des Kanzlers, sondern auch auf die weitere Schwächung seiner Position abzielte. Jedoch musste der Kaiser am 13. Juli 1917 nach langem Zögern und der Überredungskunst des Kronprinzen Wilhelm dem Rücktrittsgesuch Bethmann Hollwegs statt geben, da er der Popularität und den möglichen Folgen eines Rücktritts der OHL nichts entgegen zu setzen hatte (Ullrich 1994: 137ff).

4.5 Einflussnahme auf die Wirtschaftspolitik
Die Dritte Oberste Heeresleitung griff auch in die Prozesse der Wirtschaft ein. Schon zwei Tage nach der Ernennung der OHL am 31. August 1916 stellte Hindenburg eklatante Forderungen nach einer Verdopplung der Munitionsproduktion und Verdreifachung der Produktion

von Geschützen (Brief Hindenburgs an den Kriegsminister 31.08.1916 in Hubatsch 1966: 164ff).

Wo und wie man aber die erforderlichen Arbeitskräfte herbei schaffen sollte, legte die OHL im sogenannten Hindenburgprogramm vor, welches eine Optimierung der Kriegsproduktion durch die totale Mobilmachung der Bevölkerung vorsah. Dabei forderte man ein Ende der Freizügigkeit und Einführung des Arbeitszwangs. Hierzu wurde das Gesetz über den Vaterländischen Hilfsdienst (auch Hilfsdienstgesetz; 05.12.1916) erlassen, das alle Männer zwischen 17 und 60 Jahren, welche nicht im Kriegsdienst waren, zur Arbeit in der Rüstungsindustrie verpflichtete. Im Zuge dieser wirtschaftlichen Umstrukturierung wurde auch das Kriegsamt unter Leitung des Generals Wilhelm Groener eingerichtet, was de jure dem Kriegsministerium unterstand aber de facto von der OHL gesteuert wurde (Neitzel 2003: 17ff). Hier zeigt sich ein weiteres Mal, wie weit sich die Heeresleitung über ihren Zuständigkeitsbereich [erfolgreich] hinauslehnte.

Jedoch muss erwähnt werden, dass durch den Widerstand der Regierung das Hilfsdienstgesetz wesentlich milder ausfiel als von der OHL gefordert. So ließen sich die Gewerkschaften im Gegenzug durch eine Anerkennung der paritätischen Schlichtungsausschüsse institutionell aufwerten. Ein wirklicher Arbeitszwang wurde ebenfalls nicht umgesetzt (Pyta 2007: 248). Letztlich trugen die Anstrengungen des Hindenburgprogramms zu einer Überlastung des Schienenverkehrs in Deutschland bei, was zur Folge hatte, dass erstens aus Mangel an Kohle die Produktion Vielerorts zum Erliegen kam und zweitens die Versorgung mit Lebensmitteln so stark eingeschränkt wurde, dass es im Winter 1916/17 zu einer Hungersnot, dem Steckrübenwinter, kam. Die Bevölkerung musste in Suppenküchen, v.a. durch Steckrübensuppen ernährt werden. Das Programm scheiterte also und führte eher noch zu einer Verschlechterung der wirtschaftlichen Lage.

5. Militärisches Vorgehen, Fehler und Folgen

5.1 Maßnahmen der OHL zur Strukturoptimierung des Heeres

Zunächst mussten sich Hindenburg und Ludendorff nach ihrer Übernahme der OHL mit der für sie unbekannten Westfront und den dort vorherrschenden Zuständen vertraut machen. So wurde alsbald erkannt, dass durch die Brutalität und Intensivität der Stellungskämpfe Divisionen innerhalb weniger Tage aufgerieben wurden und nur noch beschränkt einsatzfähig blieben. Dazu kam die psychische Belastung der Soldaten, welche nach oft wochenlangen pausenlosen Kämpfen überstrapaziert waren. Als wirksame Gegenmaßnahme wurde das sogenannte Rotationsverfahren eingeführt (Neitzel 2003: 91). Dieses sah eine Rotation der Divisionen aller zwei Wochen und zwischen verschieden schwer umkämpften Kampfplätzen vor. Die Folge war, dass die Strukturen der Divisionen länger erhalten blieben und in kurzen Ruhephasen wieder hergestellt werden konnten. Die Kampfleistung konnte dadurch erhöht bzw. verlängert werden. Desweiteren wurde das Verteidigungssystem flexibler gestaltet. Man ging von der Angriffstaktik zur Defensive über und baute Stellungen aus, indem man auch hinter der Front Auffangstellungen anlegt, in welche man sich im Falle einer Offensive geordneter zurückziehen konnte. Im Zuge dessen zog man sich im Februar 1917 auf die „Siegfriedlinie" zurück, um die Front zu verkürzen. Nach den verlustreichen Schlachten des Jahres 1916 mussten alle Kriegsparteien sorgsamer mit Ressourcen an Mensch und Material umgehen. Durch die Verkürzung entstanden neue Truppenreserven. Zudem veranlasste Ludendorff eine intensivere Ausbildung der Truppen, welche zu einer „Qualitätssteigerung" führen sollte (Neitzel 2003: 100 f).

5.2 Der uneingeschränkte U-Bootkrieg
Nach dem das deutsche Kaiserreich durch den Erfolg in Rumänien im Dezember 1916 in seiner Stellung gestärkt hervorging und Friedensimpulse durch das Vorgehen der Heeresleitung erstickt wurden suchte diese nach einer Entscheidung des Krieges. Dass dies nicht durch einen Durchbruch der Front und die Besetzung auf dem Lande zu erreichen war, hatte sich in den vorangegangen Kriegsjahren gezeigt. Es wurde also nach einer Möglichkeit gesucht, das Ausscheiden einzelner Feinde herbeizuführen, so dass die restliche Front der Gegner nach und nach auch nachgeben musste. Folglich bekam die Forderung nach einem uneingeschränkten U-Bootkrieg in der Obersten Heeresleitung immer mehr Gehör. Neben den Bestrebungen mit Russland einen Separatfrieden nach deutschen Vorstellungen zu schließen, wurde in Führungskreisen seit Beginn des Krieges der uneingeschränkte U-Bootkrieg, als Möglichkeit Großbritannien aus dem Krieg zu drängen und auch deren Seeblockade zu beenden, diskutiert. Die neuartige Waffe des Unterseebootes war hauptsächlich eine Deutsche Domäne. Jedoch konnte dieser militärische Vorteil der neuen Waffe nicht ausgenutzt werden, da das Prisenrecht[2], welches Teil des Völkerrechts war, eine Versenkung von unbewaffneten Handels- und Passagierschiffen ohne Vorwarnung und Evakuierung der Besatzung untersagte. U-Boote hatten jedoch weder die Kapazität, noch die Mannschaftsstärke, um solche Schiffe zu besetzen bzw. zu evakuieren. Trotzdem sieht die Oberste Heeresleitung im Januar 1917 den uneingeschränkten U-Bootkrieg als einzige Möglichkeit einen Siegfrieden herbeizuführen und geht bewusst das Risiko des Kriegseintritts der USA ein. Zumal Hindenburg davon ausging, dass der Krieg gewonnen sei, bevor die Vereinigten Staaten mobil gemacht hätten (Pyta 2007: 240ff).

---

[2] Das Prisenrecht (frz. prise "Wegnahme") ist der Teil des Seekriegsrechts und damit auch des Kriegsvölkerrechts, der die Maßnahmen von Kriegsschiffen gegenüber neutralen und feindlichen Handelsschiffen, einschließlich Passagierschiffen, regelt.

Diese Annahme beruhte auf der Rechnung der deutschen Marineleitung, welche behauptete, monatlich 600 000 Tonnen Schiffsladeraum mit ihren knapp 200 U-Booten versenken zu können und somit Großbritannien innerhalb von sechs Monaten an den Rande des wirtschaftlichen Kollaps bringen zu können und somit zum Ausscheiden aus dem Kriege zu zwingen (Haffner 1981: 60).

Ziel des U-Bootkrieges war also tatsächlich die Versenkung massiv vieler Handelsgüter, um England unter wirtschaftlichen Druck zu setzten und zum Frieden zu zwingen. Schließlich wurde in den ersten Monaten ab Februar diese Zielsetzung sogar übertroffen. Im April 1917 wurden 849 000t Schiffsladeraum versenkt (Ritter 1964: 145ff). Großbritannien sieht sich erstmals, auch letztmals, im Ersten Weltkrieg bedrängt. Jedoch kann man nicht von einem wirtschaftlichen Kollaps sprechen, da Reserven und Ressourcen vorhanden waren, welche es Großbritannien noch lange Zeit erlaubt hätten, ohne größere Versorgung auszukommen. Hinzu kommt die Einführung des Geleitzugsystems, welches ein Umdenken in der Führung der Wasserstreitkräfte der Entente darstellte. War man bis Dato davon ausgegangen, dass es besser wäre, Handels- und Passagierschiffe einzeln und verteilt auf der See fahren zu lassen, um die Verluste bei Angriffen in Grenzen zu halten, hatte man nun feststellen müssen, dass man dadurch aber auch die Wahrscheinlichkeit von deutschen U-Booten entdeckt zu werden vergrößerte. Man stellte daher Handels und Passagierschiffe zu sogenannten Geleitzügen unter Schutz bewaffneter Kriegsschiffe zusammen. Dies führte dazu, dass fortan angreifende deutsche U-Boote selbst angegriffen wurden. Folglich dezimierte sich die Zahl der deutschen U-Boote rasant und die versenkten Tonnen Schiffsladeraum fielen bis August 1917 unter den Stand des Vorjahres, in welchem der Angriff nur auf bewaffnete Handelsschiffe unter Vorwarnung stattfand. Der U-Bootkrieg war also gescheitert (Herz Eichenrode 1996: 207f).

Die Folgen, die jedoch aus dem uneingeschränkten U-Bootkrieg hervorgingen, waren bedeutend. Man kann von einer Wiederholung des Fehlers im Schlieffen-Plan[3] sprechen. Unter dem Vorwand eine Großmacht aus dem Krieg zu drängen, wird das Risiko eingegangen, dass eine weitere Großmacht in den Krieg eintritt. Im Falle des Schlieffen-Plans war die Großmacht, die man aus dem Krieg drängen wollte Frankreich, wobei man die belgische Neutralität verletzte und somit Gefahr lief, Großbritannien in den Krieg zu holen. Das Gleiche geschah 1917 im Falle des uneingeschränkten U-Bootkrieges mit den USA. Mit der Absicht Großbritannien aus dem Krieg zu drängen, ging man das Risiko eines Amerikanischen Kriegseintritts ein. Der Unterschied lag darin, dass diesmal der Kriegseintritt der Großmacht USA sicher war. Denn diese hatte vorher nach der Versenkung des britischen Passagierschiffs

---

[3] Der **Schlieffen-Plan** war ein strategisch-operativer Plan des Generalstabs im Deutschen Kaiserreich. Er wurde nach seinem Autor Generalfeldmarschall Alfred Graf von Schlieffen benannt und bildete die Grundlage der deutschen Operationen zu Beginn des Ersten Weltkrieges. Der Plan sollte einen Zweifrontenkrieg gegen Frankreich und Russland vermeiden, indem Frankreich in einem Blitzkrieg unter Verletzung der belgischen Neutralität niedergerungen wird um sich dann dem noch mobilmachenden Russland zuwenden zu können.

Lusitania am 7. Mai 1915 und der Versenkung des französischen Dampfers Sussex am 24. März 1916, wobei in beiden Fällen US-amerikanische Staatsbürger ums Leben kamen, deutlich klar gemacht, dass es mit dem Kriegseitritt auf Seiten der Entente reagieren würde, sollte der uneingeschränkte U-Bootkrieg fortgesetzt werden (Haffner 1981: 55ff). Den Eintritt Englands in den Krieg 1914 konnte die Reichswehr durch einen enormen Kraftakt und strategische Maßnahmen kompensieren. Gegen den „schlafenden Riesen" - USA mit seiner enormen wirtschaftlichen Macht und dessen Kriegseintritt als Reaktion auf den uneingeschränkten U-Bootkrieg am 6. April 1917 hatte das Deutsche Reich auf Dauer nichts entgegenzusetzen.

5.3 Die fehlgeschlagenen Frühjahrsoffensiven 1918

Ende 1917 steht die Reichswehr nach dem Scheitern des U-Bootkrieges und zahlreichen Offensiven der Alliierten im Westen kurz vor dem Zusammenbruch. Jedoch hat sich mit der Februar- und Oktoberrevolution in Russland eine neue Konstellation ergeben, welche nach dem erzwungenen Frieden von Brest Litowsk und der dadurch wegfallenden Ostfront noch einmal die Chance ergab, durch Verwerfung der Truppen an die Westfront und dieser Überlegenheit den Krieg zu gewinnen, bevor im Herbst 1918 die amerikanischen Truppen erwartet wurden (Neitzel 2003: 109f).

Allgemein herrschte ab Herbst 1917 eine positive Stimmung, welche unter anderem durch Erfolge in der 12. Isonzoschlacht gegen Italien und das Scheitern der französischen Offensiven an der Aisne und der Champagne getragen wurde. Desweiteren schien die OHL einen Weg gefunden zu haben, die starke gegnerische Defensive durch den Einsatz von Sturmtruppen ohne den Einsatz und das Opfer hunderter Soldaten zumindest teilweise unterwandern zu können. Dabei wurden kleine gut ausgebildete und ausgerüstete Einheiten eingesetzt, welche unter Umgehung der feindlichen Abwehrzentren rasch bis zu den Artilleriestellungen vordrangen und diese ausschalteten (Gudmundsson 1995).

So startete das deutsche Heer im Frühjahr 1918 mit großem Optimismus in die Offensive an der Westfront, wobei laut Ludendorff „ein Loch in die Front" hinein „gehauen" werden sollte, um die Briten vom Kontinent zu drängen (Sontheimer 2004: 229ff).

Jedoch scheiterte dieses Vorhaben immer wieder nach dem gleichen Schema: konzentrierte lokale Angriffe brachten schnelle Geländegewinne. Jedoch kam der Angriff nach wenigen Kilometern zum Erliegen, was auf Versorgungs- und Transportprobleme im unwegsamen Gelände zurückzuführen war. Es fehlte an Truppen, welche die neue verlängerte Frontlinie hätten sichern können, wie auch an Pferden, welche die schweren Geschütze schnell genug hätten nachrücken müssen. So konnten die Alliierten sich im Hinterland schnell sammeln und durch Gegenoffensive die neue unbefestigte Front zum Einbrechen bringen.

Die Frühjahrsoffensiven „Michael" und „Georg" scheiterten also am mangelnden Nachschub (Neitzel 2003: 112). Die Oberste Heeresleitung trägt an diesem Scheitern insofern Verantwortung, dass die mangelnden Ressourcen zwar existierten´, aber nicht zum Einsatz gebracht wurden. Oberbefehlshaber der britischen Streitkräfte Haig schätzte, dass nur wenige Divisionen mehr die Deutschen zu ihrem Ziel der Verdrängung der Briten vom Festland geführt hätten (Travers 1992). Im Osten standen 50 deutsche Divisionen und besetzten dort Gebiete, welche nach den utopischen Friedensforderungen der OHL gegenüber Russland als Faustpfand besetzt werden mussten, um jenes zum Friedensschluss zu zwingen. Das Paradoxon liegt darin, dass die fehlenden Divisionen, welche sich im Osten befanden, letztlich in Anbetracht des Scheiterns der Offensiven im Westen doch Stück für Stück aus dem Osten abgezogen wurden. Das Problem lag also in einer mangelhaften Planung der Operationen und der Verkennung der Situation, in welcher keine Kontingente vorhanden waren, einen Siegfrieden im Osten zu erzwingen (Haffner 1981: 85ff).

Trotz Geländegewinnen kann im Frühjahr 1918 keine Entscheidung herbeigeführt werden. Dies hat schwerwiegende und letztlich kriegsentscheidende Folgen. Vorerst ist der neu ausgeweiterte Frontverlauf nicht befestigt und somit schwierig zu verteidigen. Dazu kommt, dass die psychische Belastung der Soldaten an ihre Grenzen trifft nachdem das Versprechen, dass der nun vier Jahre anhaltende Krieg mit Offensive entschieden würde, durch das Scheitern dieser zerplatzt. Dadurch setzt eine zunehmende Resignation im Heer ein und es kommt zu zahlreichen Desertationen und Überläufen (Neitzel 2003: 115).

5.4 Der Zusammenbruch und das Ende der Dritten Obersten Heeresleitung

Schließlich stießen die Franzosen am 18. Juli bei Villers Cotterets in einer erfolgreichen Großoffensive weit hinter die deutsche Front vor. Am 8. August kommt es dann zum Durchbruch der Front bei Amins durch die Engländer, welcher unter massivem Einsatz von Tanks große Verluste auf deutscher Seite forderte. Dieser „Schwarze Tag des deutschen Heeres" war der Beginn der alliierten Schlussoffensive. Ludendorff verweigerte sich daraufhin abermals der Situation und parodiert erneut durchzuhalten, bevor er am 29. September 1918 eine Kehrtwendung vollzieht und mit der Behauptung, die Front könne innerhalb der nächsten 24 Stunden zusammenbrechen, die „Parametrisierung" des Reiches forderte, um einen Waffenstillstand auf Basis der Friedensbedingung den Entente zu ermöglichen (Neitzel 2003: 116). Hierin lag der Kern der Dolchstoßlegende. Die Verantwortung zur Abwicklung der Niederlage wurde auf das Parlament übertragen und die OHL entzog sich ihrer Schuld. Dies hatte für Ludendorff und Hindenburg unterschiedliche Folgen. Mit der eingestandenen Niederlage brach ihre Macht, welche sich auf die Schlagkraft des Heeres stützte, schlagartig zusammen. Ludendorff kann sich vor allem gegen den neuen Reichskanzler Prinz Max von Baden nicht durchsetzen und wird formell auf eigenen Wunsch am 26. Oktober entlassen, kommt jedoch mit seinem Abschiedsersuchen nur seiner angeordneten Entlassung durch den Kaiser zuvor. Hindenburg hingegen, von dem Ludendorff erwartete, dass er ebenfalls seinen Abschied eingereicht hätte, bleibt im Amt. Hierin zeigt sich deutlich, dass Ludendorffs Macht nur so lange bestand, wie er zum einen die Kampfkraft des Heeres hinter sich hatte und zum anderem im Schatten der Popularität Hindenburgs handeln konnte. Mit dem Wegbrechen des Heeres schwindet auch die Macht Ludendorffs. Hindenburg hingegen hält sich geschickt heraus und bewahrt seine Popularität in dem er die Verantwortung an der Niederlage nicht mit seiner Person identifizieren lässt, sondern aktiv die Lüge des Dolchstoßes vertritt. So endet die Zeit der Dritten OHL im Herbst 1918 so wie sie begonnen hatte – in einer Illusion.

6. Schlussbetrachtung

Es gilt festzustellen, dass die Oberste Heeresleitung unter Hindenburg und Ludendorff versuchte durch eine Reorganisation der Kriegsführung den erhofften Siegfrieden herbeizuführen. Dabei wurden zum einen neue Kampftaktiken eingeführt und riskante Maßnahmen, wie der uneingeschränkte U-Bootkrieg, ergriffen. Weiterhin erfolgte durch die OHL ein Eingriff in die politische Führung, um wirtschaftliche und militärische Interessen durchzusetzen. Diese Umstrukturierungen lassen die These, zu einem Krieg in einer neuen Dimension zu. Laut Ludendorff meint dies: „dem Krieg zu geben, was des Krieges ist" (Ludendorff 1919: 215). Diesen Vorrang des Krieges vor der Politik und ihren Führern bezeichnete er 1935 als den totalen Krieg, der als Begriff später von Goebbels aufgegriffen und in seiner Sportpalastrede am 18. Februar 1943 instrumentalisiert wurde.

Trotz dieser neuen Dimension ist der Terminus einer „Militärdiktatur" unter der Dritten OHL kritisch zu betrachten, da zwar tendenziell die Macht des Kaisers stark durch die OHL eingeschränkt war und sich diese auch Prärogativen in allen Entscheidungsberiechen verschaffte, aber die Entscheidungsgewalt über die Besetzung von Ämtern trotz Machtverfall immer noch in Händen des Monarchen lag. Diese strukturelle Macht des Kaisers war weder beseitigt noch von der OHL entrissen worden. Eine autoritäre Diktatur im Sinne von J. Linz bestand also schon deshalb nicht, weil es keinen absoluten Anspruch auf Erhalt der Macht durch ihre Führer gab (Linz 1996: 40ff), was schon durch die mit Hilfe Ludendorffs motivierte Parametrisierung belegt ist.

Was bleibt letztlich von dieser Dritten Obersten Heeresleitung? Unter der Leitung Hindenburgs entsteht eine Stellung der Reichswehr, in welcher diese sich auf Augenhöhe mit der Politik versteht. In der Weimarer Republik ist die Reichswehr als Staat im Staate zum einen eine Belastung und andererseits ist sie auch 1943 noch die einzige Institution, in der sich organisierter Widerstand gegen das NS-Regime bilden konnte.

Die Dritte OHL postulierte gleichsam eine Vorstellung von Deutschland als Weltmacht, welche große Teile der deutschen Bevölkerung aus allen Schichten in einen Realitätsverlust riss, aus dem sie nicht vor 1945 wieder erwachen sollten. Ebenfalls unterstützte das deutsche Kaiserreich mit finanziellen Mitteln aktiv die Revolution der Bolschewisten in Russland. Nun soll hier nicht die Vorstellung erweckt werden, dass die Oberste Heeresleitung unter Hindenburg und Ludendorff das „Urübel" des 20. Jahrhunderts gewesen sei. Schließlich hat jedes politische Händel, wozu auch militärisches Vorgehen zählt, Auswirkungen und ist somit gleichzeitig Ursache für den Fortlauf der Geschichte.

Jedoch kommt den Köpfen der OHL nicht nur Anteil am Keim zweier totalitärer Diktaturen des 20. Jahrhunderts zu, sondern auch die Schuld, Handlungsalternativen in Anbetracht ihrer Informiertheit über die militärische Lage nicht in Betracht gezogen zu haben, um Unheil abzuwenden. Stattdessen rannte die Führung der Heeresleitung illusorisch einem Siegfrieden hinterher und erlag dieser Fehleinschätzung, der eignen Größe immer wieder, nur um sich in die nächste Illusion zu retten. Man kann also das Scheitern des Deutschen Reiches auf diese abstrakte Formel verallgemeinern, welcher das sogenannte Thomas Theorem[4] zu Grunde liegt. Selbst die kurze Einsicht der Niederlage durch Ludendorff wird umgehend in der Illusion der Dolchstoßlegende erstickt. Es ist folglich nicht abwegig von den Meistern der Illusionen zu sprechen.

---

[4] Das **Thomas-Theorem** wurde von den amerikanischen Soziologen William Isaac Thomas (1863-1947) und Dorothy Swaine Thomas (1899-1977) erarbeitet und folgt der These, dass egal wie irreal die Handlungsgrundlage, also die Vorstellung der Realität eines Akteures ist, seine Handlung und dessen Folgen real sind.

7. Literaturverzeichnis

Frentz, Hans, 1972: Der unbekannte Ludendorff, Wiesbaden

Gudmundsson, Bruce, 1995: Stormtroops Tactics: Innovation in the German Army, 1914-1918, New York

Haffner, Sebastian, 1981: Die Sieben Totsünden des Deutschen Reiches im Ersten Weltkrieg, Bergisch Gladbach

Hermann, Mathias, 1994: Das Reichsarchiv 1919-1945 (Desertation), Humboldt Universität

Herz Eichenrode, Dieter, 1996: Deutsche Geschichte 1890-1918, Das Kaiserreich in der Wilhelminischen Zeit

Hubatsch, Walther, 1966: Hindenburg und der Staat, Göttingen

Janßen, Karl-Heinz, 1967: Der Kanzler und der General, Die Führungskrise um Bethmann Hollweg und Falkenhayn (1914-1916), Berlin

Linz, Juan 1996: Autoritäre Regime, in: Nohlen, Dieter (Hg.): Wörterbuch Staat und Politik, München

Ludendorff, Erich, 1919: Meine Kriegserinnerungen 1914-1918, Berlin

Neitzel, Söhnke, 2003: Blut und Eisen, Deutschland im Ersten Weltkrieg

Pyta, Wolfram, 2007: Hindenburg, Herrschaft zwischen Hohenzollern und Hitler, München

Ritter, Gerhard, 1964: Staatskunst und Kriegshandwerk, Das Problem des „Militarismus" in Deutschland, Band 3, Die Tragödie de Staatskunst. Bethmann Hollweg als Kriegskanzler.

Rothwell, Victor, 1971: British War Aims and Peace Diplomacy 1914-1918. Oxford

Sontheimer, Michael, 2004: Wir hauen ein Loch hinein: Ludendorffs Niederlage an der Westfront, in: Burgdorff, Stephan (Hg.); Wiegrefe, Klaus (Hg.): Der Erste Weltkrieg: Die Urkatastrophe des 20. Jahrhunderts, München

Stevenson David 1982: French war aims against Germany 1914-1919. New York

Travers, T., 1992: How the War Was Won: Command and Technology in the British Army, Oxon

Ullrich, Volker, 1993: Als der Traum ins Wanken kam, Das Ende des Hohenzollernreiches 1890 – 1918, Bremen

Weber, Max, 1921, Wirtschaft und Gesellschaft, Tübingen